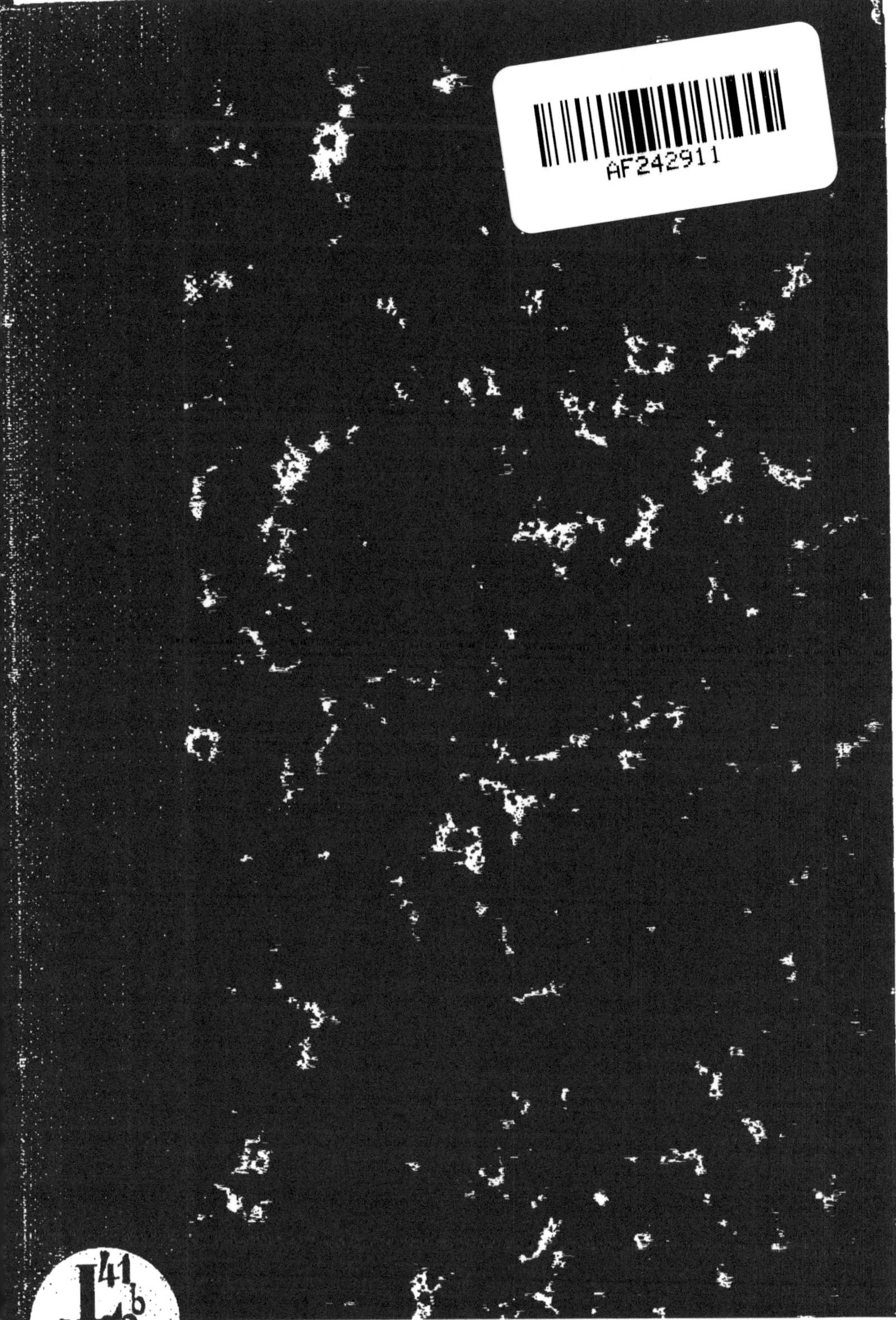

DISCOURS

PRONONCÉS

PAR LE REPRÉSENTANT DU PEUPLE

BOUSSION,

DANS LE TEMPLE DÉCADAIRE,

A BORDEAUX.

Ces discours ont aussi été prononcés dans plusieurs autres communes des départemens de la Gironde et de la Dordogne, où le représentant du peuple BOUSSION étoit en mission ; et la morale qu'ils renferment, a paru plaire également à tous les citoyens.

1°. DISCOURS sur la réorganisation des autorités constituées, l'encouragement dû au commerce, sur l'égalité politique, et sur la nécessité de la confiance dans le gouvernement.

2°. DISCOURS ayant pour objet la définition de la souveraineté du peuple et de la liberté.

3°. DISCOURS à l'occasion des troubles arrivés, à Bordeaux, dans le mois Germinal.

A BORDEAUX,

De l'Imprimerie de la Vve. J. B. CAVAZZA, rue des Ayres, N°. 3.

An troisième de la République française.

DISCOURS

Sur la réorganisation des autorités constituées, l'encouragement dû au commerce ; sur l'égalité politique, et sur la nécessité de la confiance dans le gouvernement.

Décadi 30 Ventôse, troisième année républicaine.

CITOYENS,

Le spectacle le plus agréable aux yeux des représentans du peuple, délégués dans les départemens, est celui d'une grande cité qui présente à toutes les communes de la république, l'exemple de la soumission aux loix, et l'accord le plus unanime avec les vœux et les travaux de la convention nationale.

Tel est le tableau que Bordeaux nous offre dans ce moment. Puisse l'ombre la plus légère n'en jamais obscurcir la beauté : puissions-nous, mon collègue TREILHARD et moi, rendre, dans tous les temps, le même hommage à cette cité républicaine.

En venant parmi vous, au nom de la convention nationale, nous avons reçu pour premier devoir, celui de vous faire connoître les principes qui la dirigent, et que les factieux ont trop long-temps dénaturés; de développer à vos regards l'horreur profonde qui l'anime contre les vils suppots du crime et de la tyrannie ; contre ces hommes sanguinaires dont les fureurs ont désolé la France : tigres plus dévorans que tous les animaux féroces, il n'appartenoient à l'espèce humaine, que par la conformation et les inclinations des cannibales. Leur rage déchaînée, animée contre nous par les puissances étrangères, retraçoit les ravages des animaux armés en guerre, que la lâcheté d'un peuple impuissant employoit autrefois contre un ennemi redoutable ; mais le génie qui veille au salut de la république, qui combat avec nous pour la défense de la liberté, a dirigé nos bras vainqueurs contre ces monstres exécrables, et nos mains les ont terrassés. La convention, la france entière, ont triomphé des manœuvres perfides, des complots criminels ; et ce triomphe est le gage assuré de la prospérité publique. Le peuple ne connoîtra plus que les phalanges étrangères et les tyrans coalisés : la représentation nationale restera seule armée contre le crime et ses efforts. C'est dans cette attitude imposante qu'elle a juré une guerre éternelle aux ennemis intérieurs de la tranquillité publique, de l'ordre social et des loix. C'est pour exécuter ce serment salutaire qu'elle délègue ses membres dans les départemens, et leur enjoint de ne confier qu'à des mains pures, à des hommes irréprochables, le dépôt inviolable de l'autorité.

Oserons-nous nous flatter d'avoir rempli son vœu ? de n'avoir accordé qu'à des citoyens vertueux le soin de diriger, d'administrer leurs frères ? Ah ! si tous les efforts de notre zèle n'avoient pas secondé nos intentions ; si nous avions eu le malheur d'offrir à votre estime quelques-uns de ces êtres marqués par la réprobation, ils ne jouiroient pas long-temps d'une erreur passagère : que dis-je ? ils refuseroient le titre dont la confiance trompée les honore ; mais la vertu ne permet pas qu'on la confonde avec le vice. Celui qui fut toujours ami de son pays ; fidèle observateur des loix ; défenseur courageux de la propriété, de l'innocence ; bon père, bon époux ; patriote éclairé ; celui-là seul a droit à vos suffrages, et voilà l'homme dont nous croyons avoir fait choix.

En offrant un pareil modèle aux regards de la convention nationale, nous lui dirons : nous avons cru que de tels magistrats accompliroient vos vues pour le bonheur des citoyens. Vous nous avez prescrit d'éclairer le peuple sur ses vrais intérêts ; de dissiper ses fatales erreurs ; de lui apprendre enfin quels sont les hommes que la félicité commune appelle aux emplois administratifs : notre ouvrage a reçu la sanction la plus honorable ; la haine des méchants, le suffrage de la vertu.

Et vous, citoyens, qui devez accompagner ces nouveaux guides en marchant avec eux dans les sentiers de la justice et de la liberté, secondez, animez, dans leurs travaux pénibles, ces frères estimables, que le mérite seul vous a donnés pour magistrats ; dénoncez à leur viligance, le brigand décoré d'un faux patriotisme, les déclamateurs assassins qui vomissent encore leurs imprécations meurtrières contre les citoyens laborieux et paisibles, contre l'industrie et les arts. Ce sont-là vos ennemis les plus redoutables : occupés, sans cesse, à tarir les sources de la prospérité publique, ils attaquoient dans cette commune l'institution la plus avantageuse et la plus utile, peut-être, à ses courageux habitans. » Le » commerce, vous disoient-ils, est la sang-sue » du peuple ; il accumule les trésors, et dé- » pouille, pour s'enrichir, la pauvreté elle- même. » On eut dit que le commerce devoit un jour engloutir toutes les productions de la terre, et les dévorer sans retour.

Si le sentiment de leurs maux, et le specta- cle de la disette, ont pu arracher à des citoyens aigris ou égarés, quelques applaudissemens en faveur de ces déclamations criminelles, quel sera leur étonnement, quand nous leur dirons : « le commerce vous a sauvés ; il a lutté contre » vos maux, contre les maux de la patrie ; » il a triomphé des périls qui menaçoient la » république, et plus encore cette cité floris- » sante ». Le représentant du peuple déclare avec plaisir, que les commerçans de Bordeaux l'ont secondé de tous leurs moyens, et fait volontairement des sacrifices pour approvision- ner cette commune. Oui, citoyens, la vérité qui doit trouver en nous ses premiers interprè- tes, nous prescrit de vous dire : » respectez, » honorez le commerce, c'est lui, qui, de » concert avec l'agriculture, répond à tous les » vœux que nous pouvons former : l'un et l'autre » ont, pour ainsi dire, l'entreprise de nos » besoins et de tous nos désirs. Tandis que » l'agriculture impose la terre, le commerce

5.

» associé à l'indigence active et laborieuse,
» rend tous les peuples étrangers, tributaires
» de son pays, il porte par-tout l'abondance;
» et loin de dépouiller la pauvreté, il l'enrichit
» de ses conquêtes, il partage avec elle le fruit
» de ses travaux. Voyez ces atteliers; ces ports
» où des milliers d'individus s'occupent à l'envi;
» ces manufactures ou des femmes, des enfans
» réunis, sont devenus, en quelque sorte, les
» enfans adoptifs de l'homme industrieux qui
» les rassemble. A qui devez-vous ces établisse-
» mens précieux, si ce n'est au commerce ? »
» Que des ames vénales, flétries par l'avarice
» ou par l'avidité, déshonorent le nom de
» cette institution bienfaisante, en trafiquant,
» en vendant à des prix barbares, les objets
» les plus nécessaires; la loi réprimera, sans
» doute, cette voracité mercantile, que le
» mépris n'a pu dompter; mais le commerce
» en est-il moins un art salutaire, et son heu-
» reuse activité, n'est-elle pas la source de la
» prospérité nationale ? »

Nous ne nous étendrons pas d'avantage, mon collègue et moi, sur cette juste apologie. L'expérience de tous les temps en a consacré les éloges, comme elle a justifié l'institution des arts utiles; mais il est une vérité qui touche de plus près à l'intérêt social, au maintien de la république, et dont le développement est l'objet principal de cet entretien.

Les hommes corrompus qui trahissoient le peuple, et vouloient envahir sa souveraineté, avoient pris pour devise cet axiôme sacré, tiré des droits de l'homme, *l'égalité.*

Ce mot, inscrit, pour ainsi dire, sur la ban-

A 3

nière des brigands , égaroit tous les citoyens
crédules, comme ces feux trompeurs qui attirent
les voyageurs au bord des précipices. L'ignorant
ne vit dans ce mot qu'une mesure d'égalité
parfaite, un niveau matériel , sans distinction
de qualités ou d'attributs. Il crut, dès cet instant, que tout étoit égal , qu'il n'existoit aucune différence entre lui et l'homme à talens ;
et comme l'insolence et l'audace sont les con-
seillers qui dirigent les extravagances de la
sottise , il ne se borna pas à marcher fièrement l'égal de celui dont les lumières l'avoient
ébloui jusqu'alors , il voulut encore se venger
de sa supériorité passée , et trahit brutalement
l'égalité , en insultant, en outrageant son égal.

Le pauvre ne pût résister à l'attrait du partage ; il rêva quelque temps que tout étoit
commun ; que l'homme laborieux avoit tra-
vaillé pour le paresseux et pour le parasyte ;
qu'il n'y avoit enfin qu'un seul héritage , dont
les lambeaux étoient entre les mains de quelques ravisseurs qui se les transmettoient d'âge
en âge , ou qui les achetoient pour eux jamais
pour leurs voisins ; l'égalité étoit évidemment
blessée.

De-là ces proscriptions , ces persécutions
contre l'homme riche , ou soupçonné de l'être ;
cette insurrection générale contre toutes les
fortunes ; cette guerre mortelle déclarée au
commerce , au génie et aux arts.

La barbarie enfin alloit changer la france en
un désert sauvage , si ses représentans n'eussent lancé la foudre contre les chefs de cet affreux système. Avec eux ont péri leurs maximes barbares , mais tous les citoyens sont-ils à

portée de définir l'égalité ? ce doute est un devoir qui nous engage à détruire toute équivoque sur cete matière.

En décrétant que tous les citoyens étoient égaux, la convention nationale n'a pas pu déclarer qu'ils avoient tous les mêmes avantages physiques et moraux, elle n'a pas pu consacrer une absurdité, en disant : tous les hommes ont autant d'esprit les uns que les autres, ils sont tous également propres à remplir les fonctions publiques ; ni leur attribuer la même étendue de facultés, soit dans la force et la dimension corporelle, soit dans l'ordre des possessions et l'existence sociale. De ce principe évidemment contraire à la réalité des choses, il s'ensuivroit que tous les individus ont cinq pieds six pouces, si le partisan de l'égalité physique les a ; qu'ils doivent tous être généraux d'armée, représentans du peuple, ou magistrats, si le partisan de l'égalité politique aspire à ces différens titres. Enfin, tous les citoyens devront posséder dix mille livres de rentes, si le partisan de l'égalité naturelle et sociale a fixé à ce taux son ambition et ses desirs de possession.

Nous ne pouvons mieux, citoyens, faire sentir l'absurdité d'un pareil système, qu'en le comparant à ce tableau ridicule, appellé le monde renversé, où les animaux les plus foibles commandent aux plus forts ; où la bête brute ordonne en souveraine à l'homme, son esclave ; où tous les attributs enfin, toutes les loix de la nature, sont remplacés par le désordre et par la confusion.

Telle est, citoyens, cette égalité absolue

que les factieux, les anarchistes et les brigands ont voulu vous faire adopter, pour renverser l'ordre social, et jouir impunément, sur les débris du corps politique, du fruit de leurs maximes et de leur brigandage.

Quel est donc le vrai sens de l'égalité décrétée ? L'égalité est le droit individuel, qui confond tous les hommes devant la loi ; qui n'admet à mérite égal, aucune distinction, aucune préférence dans la distribution des emplois civils ou militaires ; qui ouvre la carrière à tous les citoyens, pour mériter, pour obtenir les grades ; qui assure, dans les tribunaux, une part égale à la justice distributive, à la protection des loix.

Telle est, citoyens, notre égalité ; mais les représentans du peuple et la france entière n'ont jamais entendu que l'homme, dépourvu des facultés intellectuelles, seroit égal à l'homme de génie ; que l'ignorance iroit de pair avec les talens ; que le lâche seroit au niveau du brave ; que l'immoralité combattroit la vertu ; et que les fruits de l'industrie seroient la proie de l'oisiveté.

Si la france eût pu adopter une égalité si funeste, elle n'existeroit plus au moment où je parle ; la guerre la plus cruelle, la guerre civile, eût armé tous ses habitans les uns contre les autres ; et ce pays fortuné, destiné à devenir un jour le temple de la paix, de la prospérité, comme il l'est déjà de la liberté et des arts, n'eût plus été que le honteux domaine de la tyrannie et du brigandage.

Voilà, citoyens, les idées de morale, de

gouvernement, de vertus publiques, que la convention nationale nous a chargés de vous transmettre ; elle en a fait la base de sa propre conduite, et les élémens du bonheur commun.

Après vous avoir développé ces grandes vérités, il nous reste à vous prémunir contre une autre tactique employée par les détracteurs de la révolution. Leur éloquence exercée, si long-temps, au profit du mensonge, et soldée par la tyrannie, n'oublie aucuns moyens pour accabler votre courage, et vous ravir l'espoir qu'un gouvernement juste vous présente. Ce n'est pas assez pour eux d'exagérer vos maux, ils s'efforcent encore d'empoisonner l'avenir, en détruisant votre confiance. Au tableau désolant d'une disette qu'ils augmentent, ils ajoutent celui d'une guerre éternelle ; ils attaquent en même temps la fortune publique, en discréditant, en avilissant ses signes représentatifs. Les assignats ne sont, à les entendre, qu'une valeur chimérique, et cependant leur avidité les accumule avec grand soin. Ils savent bien que le gage de la monnoie fictive, repose entre les mains de la puissance nationale ; qu'elle a donné à cette valeur conventionnelle une hypothèque impérissable ; mais leur engagement d'iniquité porte, pour premiers devoirs, le mensonge, la calomnie, la désorganisation générale ; ils cesseroient de toucher l'affreuse indemnité qui leur est promise, s'ils ne répandoient parmi nous ces germes de défiance et de découragement.

Eh bien, sachons déjouer leurs coupables manœuvres, comme nous avons terrassé nos oppresseurs et nos tyrans. Rallions-nous autour d'un gouvernement juste et sage, qui fait succéder l'équité au règne affreux de l'injustice, de la terreur et des brigands. Contemplons dans le calme de l'espérance, les destinées d'un peuple victorieux, dirigées par les défenseurs, par les libérateurs de la patrie. Que nos cœurs réunis, présentent cet heureux faisceau qui résiste à toutes les attaques, comme nos bras triomphent des ennemis. Le crime fugitif n'a-t-il pas garanti la fortune publique? ne nous a-t-il pas laissé ses dépouilles? Et pensez-vous que les despotes ne payeront aux vainqueurs aucuns dédommagemens? Mais quand nous n'aurions d'autre gage de la sécurité individuelle que les propriétés des traîtres conjurés, ce patrimoine dévolu au peuple, est au-dessus de nos besoins : vos représentans vous en ont donné l'assurance. Marchons avec courage au terme que la liberté nous montre; et pleins de la confiance que doivent inspirer nos immenses ressources, n'oublions pas que notre espoir est le désespoir des tyrans.

BOUSSION,
Représentant du peuple.

DISCOURS

Ayant pour objet la définition de la souveraineté du peuple et de la liberté.

Décadi 30 Germinal, troisième année républicaine.

CITOYENS,

Le devoir des représentans du peuple, délégués par la convention nationale dans les départemens, ne se borne pas à y propager les principes de la fraternité, de l'unité républicaine, à seconder le cours de la justice, et protéger l'exécution des loix; il faut encore qu'ils instruisent le peuple, qu'ils le défendent des systèmes, et mettent au nombre de ses premiers besoins, celui de la vérité.

Des lâches trop long-temps ont trahi sa bonne foi; des flatteurs criminels, vendus au despotisme et à la tyrannie, ont égaré, par des adulations perfides, sa franchise et sa loyauté.

En lui donnant des idées fausses de souveraineté, de liberté illimitée, ils l'ont trompé pour profiter de ses erreurs. Semblables aux habitans des cours, ils lui ont prodigué tous les noms séducteurs que la bassesse prostitue aux tyrans, et leurs mains homicides lui ont versé, dans la coupe des rois, le poison des souverains.

Ainsi, cet apôtre du crime qui évangélisoit le meurtre et le pillage, donnoit à ses disciples le titre fastueux de peuple souverain, pour armer leur jalouse rage, contre le citoyen paisible et vertueux. La souveraineté, la liberté, n'appartenoient qu'à ses fidèles sectateurs; il les enivroit de cés titres, et proscrivoit le dénonciateur courageux de ses honteux prestiges : misérable instrument de l'ambition des rois et des despotes, il les servoit par la tyrannie populaire, et faisoit précéder leur règne, du règne monstrueux de la souveraineté individuelle qu'il avoit inventée pour mieux anéantir la souveraineté nationale et la liberté.

Tel étoit cet ami du peuple, dont la présence a souillé un moment le temple des grands hommes, et que la postérité a déjà placé au nombre des grands scélérats.

Achevons d'effacer ses horribles préceptes, et rétablissons les principes que sa main a dénaturés.

Le discours prononcé dans cette enceinte, le décadi 30 du mois dernier, présentoit la définition de l'égalité politique, et démontroit combien l'égalité absolue, telle que les factieux et les anarchistes l'avoient proclamée, étoit contraire aux vœux de la loi, aux règles établies par la nature elle-même, et destructive de tout ordre social.

J'ai pour but aujourd'hui de distinguer les

caractères qui constituent la souveraineté du peuple et la liberté ; mais avant d'entamer ces questions importantes, il est nécessaire de dire quels sont les élémens qui composent le peuple, et ce qu'on doit entendre par ce mot.

Le peuple, aux yeux du philosophe et du législateur, est cet assemblage d'individus de tous états, de toutes professions, de statures, de mœurs, de phisionomies différentes, qui forment un empire.

De cet assemblage, résulte un corps politique dont tous les citoyens sont membres ; et sa composition est tellement conforme à notre structure individuelle, qu'il se trouve soumis aux-mêmes accidens.

Que la famine, la discorde ou la guerre, maladies du corps politique, viennent attaquer ce grand colosse, il languira comme un être simple, organisé par la nature, et toutes ses parties constituantes souffriront avec lui. Offensez un seul de ses membres, il gémira de cette atteinte, il craindra pour son existence ; si vous l'en séparez, sa santé, sa vie même, seront compromises ; et sa douleur prenant des accens plus aigus, il redoutera déjà sa destruction.

Nous ne pouvons donc vivre séparés du corps politique, et l'unité d'existence avec lui, est le seul gage de notre conservation.

Les factieux qui vouloient asservir la france, ont parfaitement senti la vérité de ce principe.

Bien convaincus que le succès de leurs desseins dépendoit de la division du corps politique, ils n'ont rien négligé pour introduire la dissention et l'anarchie parmi ses membres.

Après avoir allumé entr'eux les premiers feux de la discorde, par un système d'égalité absolue, aussi absurde qu'impraticable, ils ont dit à la classe la moins éclairée du peuple : » Vous seuls composez le corps politique ; en » vous réside exclusivement sa force, sa » puissance ; vous êtes le souverain. »

Ce langage flatteur, adressé à des hommes trop peu instruits pour en voir le prestige, trouva bientôt dans l'ignorance et dans la vanité, des partisans aussi crédules, que difficiles à détromper. Le jour qui avoit vu naître l'égalité absolue, vit naître, au même instant, la souveraineté individuelle. Ces deux fléaux, créés pour désoler la france, ne marchèrent point l'un sans l'autre ; et quoique différens par leur nature, ils se trouvèrent associés pour le mal qu'ils avoient à faire.

« Nous sommes le souverain, s'écrient tous les » individus séduits et égarés ; nous ne souf » frirons plus que les talens, nous dominent, » c'est à nous de leur commander. L'ivresse du pouvoir aveuglant leur raison, ils ne peuvent plus exister comme les autres hommes ; il faut à ces souverains des signes extérieurs, des marques distinctives ; et déjà l'ignorance a satisfait tous leurs desirs ; elle a emprunté chez les grecs, les habits des esclaves pour décorer ces despotes nouveaux : ils portent fièrement les attributs de la servitude, sans se douter de leur honteux accoutrement.

En contemplant leurs costumes bizarres, leurs déclamations et leur attitude, l'étranger eût cru voir ces illuminés dont l'histoire nous a peint les extravagances. Heureux ! si nous n'avions eu à gémir que sur les accès passagers d'un délire innocent ; mais la fureur a bientôt succédé à la démence : nos despotes jaloux ne voient plus dans leurs frères , que des êtres privilégiés , des brigands revêtus de leur puissance. Celui qui jusqu'alors avoit eu le respect de ses concitoyens , devient l'objet de leur haine implacable. Une proscription générale enveloppe à la fois la vertu , les lumières ; on invente des noms infâmes pour les flétrir ; on appelle aristocratie des talens , la réunion des connoissances qui dirigent les hommes et les rendent meilleurs ; on forge des crimes au philosophe , à l'ami des sciences et des arts , pour justifier les traitemens affreux qu'on leur prépare ; et tandis que l'égalité déclare une guerre funeste aux propriétaires , au citoyen heureux par ses travaux , le démon de la souveraineté déploie sa rage contre les savans , les jurisconsultes , et tous les hommes éclairés.

Que de pleurs ces momens frénétiques n'ont-ils pas fait répandre. O toi , dont le génie s'élançoit au-delà des connoissances humaines, qui préparois , par tes découvertes savantes , un nouveau triomphe à la france sur les nations étonnées , Lavoisier ! ..... Mais couvrons ce tableau trop lugubre , et n'attachons nos regards qu'à celui des erreurs qui ont enfanté nos désastres.

Au nombre de ces erreurs , et les plus fécondes , peut-être , en malheurs politiques , sont les idées de souveraineté et de liberté mal entendus.

J'ai dit que le peuple ne se composoit pas seulement de quelques classes de la société , mais qu'il avoit dans son ensemble tous les individus pour élémens ; que ces individus réunis, sous le nom de corps politique, formoient un tout indivisible, dont chaque citoyen étoit essentiellement partie active et intégrante.

Ce grand tout composé, la société commence, et le souverain va régner. En effet, le peuple n'est pas plutôt formé, que sa souveraineté se déploie, et le premier usage qu'il fait de sa puissance, est de s'assujettir à des règles certaines; car rien, et la nature elle-même, ne marche point sans loix. Mais en déterminant le mode de son existence, il manifeste sa volonté suprême, et déclare qu'il est souverain.

Ainsi, le peuple français, lorsqu'il a répudié la forme de son premier gouvernement, a commencé l'exercice de sa souveraineté, par l'établissement des loix qui devoient désormais régler sa vie politique. La proscription de l'ancien régime, a été la déclaration de sa volonté, et l'introduction du nouveau, l'exécution de sa puissance.

Si quelques classes de la société seulement, c'est-à-dire, une ou plusieurs sections du peuple, eussent voulu créer cette économie politique, elles auroient fait des efforts impuissans, parce que leur vœu n'eut pas été l'expression générale, ni l'expression de la majorité ; mais tout le peuple a demandé la régénération du système organique, et sa volonté s'est exécutée.

En vain les partisans du trône ont prétendu que la nation française avoit aliéné sa puissance; qu'elle en avoit abandonné l'exercice à des rois. Le peuple, toujours maître de ses destinées,

est

est rentré dans la possession du droit imprescriptible, dont il n'avoit fait que confier l'usage à un chef ; et si ce chef, après quatorze siècles, a rendu ses pouvoirs au peuple, qui de nous seroit assez insensé pour s'imaginer qu'il est revêtu de sa puissance, et qu'il peut exercer des droits sur ses concitoyens ? Tel est cependant le songe ridicule qu'a enfanté, dans quelques cerveaux, la souveraineté du peuple, mal-interprétée.

L'homme ignorant n'a pu rêver qu'il étoit maître de la france, mais il a dit : « Le » peuple est souverain ; le peuple est composé » d'êtres qni me ressemblent, par conséquent » je suis membre du souverain » ; et prenant sur-le-champ sa part d'autorité suprême, il a voulu exercer sa domination sur ses concitoyens. Mais à qui pouvoit-il faire éprouver sa tyrannie ? Ce n'étoit pas à l'ignorant dépourvu, comme lui, du flambeau des lumières ; il n'avoit rien à lui reprocher, aucune vengeance à prendre contre lui, pour consoler son amour propre ; et n'eût-il pas attaqué un sujet rébelle, ou plutôt un souverain aussi despote que lui-même ?

Étoit-ce à l'indigent qu'il devoit s'adresser ? il eût encore trouvé le même obstacle ; et quel motif pour le persécuter ? Il n'y avoit rien à gagner, aucun impôt à établir sur sa misère. Il falloit donc qu'il réservât sa tyrannie pour celui dont la fortune ou les talens exaspéroient sa haine et sa colère. Aussi avons nous vu l'ignorance brutale, fière du bonnet orgueilleux qu'elle avoit pris, comme un diadème, fouler aux pieds les droits les plus sacrés ; insulter, outrager le mérite modeste, et provoquer la mort de tout ce que la fortune ou les talens plaçoient au-dessus d'elle.

Ainsi s'accomplissoient les vœux des ennemis ligués contre la france, et de tous les rois conjurés; mais achevons de détromper nos souverains imaginaires, et substituons au phantôme qui les égare, le flambeau de la vérité.

L'homme le plus fort, le plus robuste, n'est, vis-à-vis du peuple, qu'un être simple, ordinaire, et semblable à tous les individus de la société. Que la nature se plaise à créer un colosse d'une stature prodigieuse, s'il n'a rien que d'humain, il n'aura, parmi nous, aucun droit exclusif; je doute même qu'un être divin fit pencher la balance de l'égalité politique, car tous les individus soumis à la loi, n'ont devant elle, aucun privilége, aucune prérogative de puissance : la loi seule commande à tous, parce qu'elle est l'expression de la volonté générale, l'interprète du souverain.

Celui que la nature a enrichi profusément des facultés intellectuelles, n'a pas plus d'empire à faire valoir que celui qu'elle a doué des forces corporelles. La puissance réside exclusivement dans le peuple ; et comme le peuple n'est que la réunion de tous les citoyens, tous les citoyens collectivement pris, sont l'autorité souveraine ; aucun d'eux n'a de droits à part, et celui qui voudroit s'en créer, en abusant de ses talens ou de ses forces, deviendroit un factieux, un oppresseur ou un brigand.

D'après ces idées vraies, il est aisé de graduer l'échelle que parcourt parmi nous la souveraineté du peuple.

Le peuple en masse est souverain ; mais, dans cet état il ne peut se gouverner lui-même, parce qu'il est impossible qu'il reste perpétuellement assemblé pour délibérer sur les loix qui lui sont nécessaires, et sur tous ses besoins. Il est donc obligé de choisir parmi ses membres un nombre déterminé de mandataires, auxquels il remet son autorité : ces mandataires, ainsi revêtus de sa puissance, le représentent exclusivement ; et les citoyens sont soumis d'avance aux loix qu'ils doivent prononcer.

Mais ces délégués peuvent-ils exécuter personnellement les décrets émanés de la souveraineté délibérante ? On sent qu'une pareille marche est impraticable ; et les mandataires du peuple ne peuvent être à la fois législateurs, agens exécutifs, ou magistrats. Il a donc fallu que la représentation nationale subdivisât sa puissance ; ce qu'elle a fait en établissant les corps constitués : et c'est ici le second échelon de la souveraineté du peuple.

En instituant les autorités constitutionelles, les mandataires de la nation n'ont fait que partager, pour l'exécution, les pouvoirs qu'ils avoient pour la confection des loix ; et le magistrat est devenu souverain au nom de la loi, comme le législateur lui-même, c'est-à-dire que sa puissance exécutrice doit être respectée, et triompher de tous les obstacles, comme la puissance législative dont elle est émanée.

Enfin la souveraineté nationale se communique au corps législatif et aux autorités constituées, comme la force motrice du corps social à ses membres ; et tant que le peuple en masse, ou l'universalité des citoyens, veulent maintenir l'ordre établi, chaque individu est forcé de s'y soumettre, ou s'expose à la rébellion.

Telles sont les idées vraies que nous devons avoir de la souveraineté du peuple : toute autre définition seroit absurde, et la souveraineté individuelle, un système barbare.

Quoi ! je lirois sur le front d'un autre homme ma dépendance, ou mon esclavage ? je serois avili jusqu'à lui obéir ?... cette idée me révolte, et la liberté n'est plus qu'un vain nom.

Hâtons-nous d'établir son culte et son empire ! arrachons à la tyrannie le sceptre qu'elle a usurpé !... Mais déjà la liberté règne ; elle a triomphé des factieux, des décemvirs et des despotes : il ne nous reste donc qu'à définir son caractère auguste, à lui rendre sa dignité, en effaçant les horribles portraits qu'en avoient faits les hommes corrompus.

Pour justifier leurs penchans criminels, ces êtres avilis ont suivi l'exemple des prêtres ; ils ont déshonoré la liberté, en lui prêtant leurs vices. Les prêtres avoient fait Dieu à leur image ; ils l'avoient peint cruel, vindicatif, inexorable : les partisans de la licence et du désordre ont peint la liberté, comme une divinité extravagante et féroce : ils en ont fait une bachante effrénée.

Mais elle n'accorde pas le pouvoir de tout faire ; et si nous consultons le juge incorruptible établi dans nos cœurs, il nous dira : « La liberté m'a pris pour votre guide, et » vos devoirs sont tracés de ma main ; » écoutez ce qu'elle vous prescrit : ma voix » est son seul interprète.

« En vain vous espérez conserver ses bien-« faits, sans obéir à ses justes défenses. Elle » ne contrarie point le vœu de la nature, » ni les loix inspirées pour le bonheur des » hommes , mais elle assure à chacun de » vous les mêmes droits, sous la sauve-garde » des condamnations et des châtimens. Tout » ce que vous entreprenez au-delà des limi-» tes établies par les loix, est un crime en-» vers vos concitoyens : respectez dans vos » frères l'appanage sacré dont vous jouissez » vous-mêmes ».

Telles sont les leçons de la morale naturelle : ajoutons-y celles de l'expérience, et les principes reconnus parmi nous.

Quand nous attaquons la propriété ou les droits politiques, nous donnons contre nous un exemple funeste ; nous violons le contrat qui nous lie à la société, et détruisons la garantie quelle nous avoit promise : dès-lors notre existence est celle du sauvage, et l'organisation sociale a déjà disparu.

La liberté ne peut donc pas servir nos aveugles penchans ; elle ne peut être l'instrument de nos passions et de nos vices, mais elle donne un champ plus vaste aux desirs que les loix et l'intérêt commun ne désapprouvent pas ; elle permet tout, excepté le mal, sans jamais déroger à la volonté de la loi.

Et quels malheurs n'enfanteroit pas la liberté, si nous pouvions, sous ses auspices, attenter aux droits les plus saints ! si des citoyens entraînés par les conseils de la vengeance, abusoient de ses propres armes, pour assouvir un sentiment cruel, en attaquant la vie de leurs concitoyens, comme nous l'avons vu dans cette commune. Sans doute, il a fallu le desir de venger des crimes exécrables, pour égarer des bras républicains : leurs coups n'ont pu frapper que des êtres coupables ; mais quel spectacle désolant pour l'ami de l'ordre et des loix.

Je sais qu'il est des hommes indignes de ce nom, plus indignes encore de la vie et de la liberté, dont le caractère féroce et la lâcheté mercenaire ont abreuvé la tyrannie du sang de l'innocence, en savourant ses pleurs ; mais attendons que nos destins soient affermis, le courroux national vengera leurs forfaits.

Que livrés au mépris, à la réprobation publique, ils traînent, avec leurs remords, une vie couverte d'opprobre ; l'humanité demande leur supplice : un tel accusateur provoquera leur mort.

Si le perfide ami qui trahissoit le peuple, et dont nous avons tracé la peinture en commençant cette discussion, vous eût entretenu sur un pareil sujet, son éloquence eût profité de ces scènes cruelles pour accomplir ses desseins criminels. Loin d'appaiser des transports furieux, il eût attisé l'incendie en excitant au meurtre, à la vengeance, et l'anarchie n'eût fait de cette commune, qu'un théâtre d'horreurs.

Pour nous qui protégeons la paix et l'harmonie ; qui n'avons d'autre but que le bonheur du peuple, nous terminerons cet entretien, en vous disant avec le philosophe : les hommes réunis en société, sont frères ; ils appartiennent tous à la même famille ; le droit de les punir n'est dévolu qu'aux juges institués par eux-mêmes. Nous vous dirons encore avec le législateur éclairé : les loix sont les protectrices des hommes, les sauve-gardes des empires, les dieux tutélaires de la société ; nous vous dirons enfin avec le citoyen qui chérit sa patrie : obéissez aux loix, faites triompher la justice ; et souvenez-vous que la vertu est la seule base de la liberté.

BOUSSION.

Représentant du peuple.

DISCOURS

A L'OCCASION

DES TROUBLES ARRIVÉS

A BORDEAUX,

DANS LE MOIS GERMINAL.

NOTE HISTORIQUE.

*La jeunesse de Bordeaux ayant attaqué publi-
quement, et à main armée, plusieurs citoyens
désignés comme partisans de la terreur;
et l'un d'eux étant mort à la suite de ses
blessures, le représentant du peuple, pour
arrêter ces scènes meurtrières, ordonna,
le 20 Germinal, qu'il seroit informé contre
les auteurs, instigateurs et complices de
ces assassinats.*

*Le calme reparût; mais la jeunesse bordelaise
déclamant contre ses principes, il crût
devoir les exposer dans le discours suivant.*

Décadi 10 Floréal, troisième année républicaine.

CITOYENS,

SI la plus douce recompense attachée aux
travaux des représentans du peuple dans les

départemens, est d'annoncer à la convention
nationale, que l'harmonie et le concours parfait de tous les citoyens, secondent ses efforts;
leur ame est déchirée, quand ils sont obligés
d'apprendre aux pères de la patrie, que les
loix ont perdu, dans un moment d'orage, l'empire et le respect qui leur sont dûs.

En admirant la réunion sublime des habitans
de cette commune pour anéantir l'esclavage,
ses élans vers la liberté, je me suis dit avec
un sentiment pénible : le sol qui produit les
vertus, a donc aussi ses germes destructeurs,
comme les terres fortunées enfantent les
poisons.

Peut-être faut-il laisser au temps chargé de
tout détruire, le soin de les anéantir; mais le
législateur, placé pour en arrêter les progrès,
ne sauroit être trop ardent à étouffer leurs
fatales semences, et sa vigilance répond des
fruits que nous promet la liberté.

Une secte d'hommes flétris, justement ab-
horrés de leurs concitoyens, cachoit dans la
retraite et dans l'obscurité, les crimes dont
elle s'est couverte. Il sembloit que notre présence imprimoit la terreur à leur ame coupable, comme la lumière épouvante les
animaux cruels. Mais à peine avions-nous
quitté, mon collègue et moi, l'enceinte de
cette commune, ils ont osé s'asseoir auprès
de l'homme juste, braver insolemment sa
haine et son indignation. Leur audace a été

le signal de la vengeance ; et nous sommes arrivés trop tard pour prévenir les châtimens terribles que les loix sont forcées de déplorer, quand l'humanité égorgée les réclame.

Que pouvions-nous faire en ce moment pour ramener le calme dans Bordeaux ? Comment dissiper la tempête qui menaçoit l'organisation politique ? ... Il falloit rétablir le cours de la justice, rendre aux magistrats leur autorité, aux loix, leur toute puissance ; et sans écouter la fureur aveugle qui demandoit sa proie, assurer un asyle à des hommes qui devroient, peut-être, n'en point avoir dans l'univers.

Bannissez, proscrivez du milieu de nous, s'écrioit-on de toutes parts, ces monstres dégoûtans du sang de l'innocence ; il sembloit même qu'on nous fit un crime de ne les avoir pas encore retranchés du nombre des hommes, comme si le premier interprête de la loi, pouvoit se métamorphoser en despote, et disposer à son gré de la vie et de la liberté individuelle.

Qu'on ne nous cite pas, pour accuser nos refus, les exemples honteux d'un pouvoir arbitraire : en détestant la tyrannie, nous n'imiterons pas ses principes atroces ; et le législateur, pour venger l'innocence, ne deviendra ni tyran, ni bourreau.

Mais qu'ils tremblent ces êtres féroces ! que la terreur habite pour jamais leur ame sanguinaire : les morts ont comparu dans le temple des loix ; en vain un chef hardi promit à ses bourreaux le silence de leurs victimes (1) : les ombres éplorées ont demandé vengeance ; elles ont obtenu qu'on désarmât une horde homicide. Décret du 21 Germinal , pour le désarmement des hommes qui ont participé à la tyrannie ; et si leur éloquence n'attire pas la foudre contre leurs assassins , elle allumera du moins le flambeau qui poursuit le crime , et les regards de la justice resteront attachés sur les pas des coupables.

O vous , qui fûtes assez injustes ou assez aveuglés pour croire que je trahissois l'innocence , et prêtois son égide à ses persécuteurs ; quel dédommagement pourrez - vous offrir au citoyen votre frère et votre ami , dont vous avez travesti les principes en maximes barbares ! Mais épargnez une réparation superflue : le tribunal qui juge l'homme irréprochable , est dans le cœur des citoyens vertueux ; le vôtre aura bientôt reconnu son erreur ; le mien la lui pardonne avant qu'il la répare.

J'ai fait pour la tranquillité , pour l'harmonie de cette commune , tout ce que la prévoyance et mon attachement à la loi m'ont dicté. Quoique je n'aie de compte à rendre qu'à la convention nationale , il est un compte sentimental que je dois aux citoyens dont l'estime m'est chère.

---

(1) Il n'y a que les morts qui ne reviennent pas. *Barrère.*

En voyant tomber sous les coups d'une vengeance meurtrière, des hommes que la loi n'avoit pas condamnés, je n'ai pu me consoler de cet affreux spectacle, en disant comme cet orateur, panégyriste des massacres : le sang qu'on a versé étoit-il donc si pur ? Mais, en ami de la justice et de l'humanité, je me suis dit, le sang qui coule illégalement, devient sacré comme celui de l'innocence. Il ne m'est pas permis d'examiner sa source ; et quelqu'impure qu'elle puisse être, ma main doit arrêter son cours. Oui, j'aurois fait à ces êtres barbares, à ces êtres que je déteste, un rempart au nom de la loi ; mon corps eût été leur égide ; ma vie eût protégé leurs jours ; mais que la loi déploie contr'eux ses vengeances terribles ; qu'elle me confie le soin de punir leurs forfaits, l'innocence verra si je suis né parmi les tygres, où si le ciel m'a destiné à venger la vertu.

Et qu'elle eût été, citoyens, l'issue de ces attaques meurtrières ? Pensez-vous que le crime mette à ses jours un moindre prix que l'homme vertueux ? qu'il soit moins courageux, moins intrépide à les défendre ? Si la lâcheté le caractérise, la crainte de la mort, en animant sa rage, lui prête quelquefois des forces redoutables. Comme la vie est son seul bien ; que le néant ou l'avenir opposent à sa fuite un spectacle qui l'épouvante, il livre à l'homme juste un combat où le désespoir peut lui assurer l'avantage.

Mais quand la vertu triompheroit, peut-elle

s'applaudir de semblables victoires ? Ne doit-elle pas pleurer l'erreur qui la rendit , pour un seul jour , imitatrice des brigands? Et nous que la justice appelloit à grands cris; nous, que les loix épouvantées invoquoient au secours de la tranquillité publique , pouvions nous trahir le devoir que sa défense nous impose ? pouvions-nous ouvrir la barrière aux meurtres, aux assassinats? pouvions-nous enfin perpétuer les progrès d'une lutte que l'anarchie ou la guerre civile auroient bientôt rendue plus désastreuse et plus funeste ?

Dans ces combats où la fureur sembloit armée par la justice , plus d'un brigand se fût offert sous le masque de l'homme juste , comme autrefois des inconnus se présentoient dans la carrière ; mais un double motif eut dirigé sa perfidie. En sauvant sa tête coupable , il eût encore préparé la ruine des compagnons que trompoit son hypocrisie.

J'ai su , et cette particularité n'est point une supposition préparée ; j'ai su que la jeunesse bordelaise avoit pour chefs contre les agens de la tyrannie , des hommes vendus à tous les partis ; des hommes même que la terreur avoit comptés au nombre de ses partisans ; des hommes enfin , qui, naguères , eussent été les bourreaux des jeunes citoyens dont ils animoient la fureur et dirigeoient les coups.

Et quand la voix de la justice tonne pour épouvanter les coupables , cette jeunesse incon-

sidérée , traduit au tribunal de l'opinion, le législateur qui l'a préservée du précipice , comme le propagateur d'un systeme barbare.
Furieuse de n'avoir pu donner un libre cours
à ses emportemens , elle veut se dédommager
de cette contrainte salutaire , par des désor-
dres habituels dont la décence et les bonnes
mœurs gémissent également. Ses cris tumul-
tueux , ses apostrophes scandaleuses et ses
vociférations turbulentes , portent l'effroi jus-
ques dans l'enceinte destinée aux plaisirs paisibles : on diroit que le théâtre de cette cité est
devenu , en quelque sorte , une arêne de gla-
diateurs qui se provoquent au combat. Ni la
présence des magistrats , ni la voix à peine
écoutée de la représentation nationale , ne
peuvent mettre un frein à ces mouvemens
séditieux.

Je sais que l'indulgence est due à la jeunesse ; je sais même que les orages naissent
plus fréquemment dans les contrées méridio-
nales ; mais le pilote courageux qui conduit
le vaisseau de la chose publique, au milieu
des écueils de la révolution , doit braver les
dangers , affronter les tempétes ; et quelques
soient les noms odieux que lui donnent les
matelots , comme un autre Colomb , abor-
der la terre promise ; la terre de la liberté.

BOUSSION,
Représentant du peuple.

OBSERVATION.

OBSERVATION.

Le représentant du peuple, en quittant Bordeaux, a eu la satisfaction de voir le calme le plus parfait dans cette commune, et tous ses habitans, animés des mêmes sentimens pour la cause publique et la convention nationale.

* 9 7 8 2 0 1 3 2 5 8 5 9 3 *